U0044170

New Way 19

自私鬼的聖經

DIE EGOISTEN BIBEL

約瑟夫·徐諾 ◎ 著

竇維儀 ◎ 審譯

林映君、吳淑芬 ◎ 譯

匡邦文化

純屬建議，作者不敢擔保

　　在此不得不提及，「自私」在一般用法上並不是光榮的字眼。這名詞本身多半用來警告嚇唬那些笨蛋，不可以顧慮自己，而要多想到社會大眾的福祉。

　　「自私」如此遭受歧視，不用驚訝。因為，很清楚自己要如何生活、如何讓自己快樂幸福的人，不需要別人販售幸福快樂給他。試想，如果笨蛋不再購買根本用不著的化妝品、藥品、社會地位的象徵或是假期旅遊，多少聰明人會在一夕之間頓失生活依靠？

　　如果每個人有能力自己處理聘雇契約，自行治療心靈創傷，懂得處理自我及團體的事，並全權負責，那麼公會、教會和政治人物都變成多餘的了。別擔心，聰明人的利益團體還是繼續大權在握，並且以進步與樂觀為名，操控社會。

　　您可以儘管安心地閱讀「自私鬼的聖經」，因為聰明人駕輕就熟地利用笨蛋的依賴性來支配他們，這種依附關係不可能改變。令人忐忑不安的是，以下章節中對生活的現實面赤裸裸地剖析，又聳動、又如此清晰。有些讀者徹夜未眠之後，看到鏡中自己蒼白的臉，不免驚心自問：「鏡中人真是我嗎？」

根據經驗，這些情況最後的結局是，痛下決心，決定改變生活。然而，立定志向只是爲自己無能改變現狀找藉口，自我安慰一下而已，個人如此，生活亦是如此。

「自私鬼的聖經」僅想嘗試，披露智者們鮮爲人知的經驗，他們如何自立自強、按照自己的想法營造自己的生活。

對有心的讀者而言，以下暗示是最好的建議，有三種方式來閱讀這本書：

◆ 閱讀本書後下結論：「寫得很好、很棒，卻不合適我，比起盧安達或科索夫的可憐人，我過得好極了，何需改變什麼呢？」

◆ 您也可以遵守聰明人千錘百鍊的教條，放棄主動性：「如果全世界的人都成了自私鬼，不再顧慮別人，世界不是立即動盪不安嗎？這只是似是而非的論點，其實我們的世界不是早已亂七八糟了嗎？此論點早已不適用了。」

◆ 當然您也可以參考「自私鬼的聖經」中一兩個經驗談，繼續決定自己的生活。

但千萬小心，在三種階級的定律下，聰明人無所不用其極，防範個人爲自己的生命負責，其組織之嚴密，無以倫比。

這也是爲何利己者沒有公開組織的原因，智者的自私主

義是個沒有意識型態、沒有領導人、會員或幹部的運動，也正因此才得以免於受人撻伐。

　　健康的自私主義並非向他人佈道，只想推動，人人自立，人人爲己，不再爲他人。

　　本聖經與其他聖經最顯著的區別在於，自私鬼的聖經不是一本有戒律、規章及罰則的強制性法典，它只是一本普通的讀物。

　　這是一本安慰笨蛋的讀物——只要別人允許，他們的生活肯定更加圓滿如意；本書也給聰明人一點刺激，如何更有技巧地支配笨蛋。

　　而智者呢？在現實生活中早已功成名就的智者將會心一笑肯定本書。

◎目錄

▶ 技巧篇

使你更了解「自私鬼的聖經」

親愛的讀者

　　在一片歡聲雷動中，響起新世紀的序曲，別空思夢想，世界將會有所轉變。

　　樂觀人士，仍滿懷上一世紀早已落空的希望；無所適從的人，依然癡癡地等待善心人士承諾的協助。

　　和平使者將在戰爭中撈取比以前更多的好處；懶人還是一樣懶，將懶惰建築在勤奮者的勤奮上。

　　勤奮的人勞累至死，還不明瞭為何勞碌。健康休閒事業發展方興未艾，卻無人察覺，儘管如此——甚至正因如此——人類越來越體弱多病。

　　在這瘋狂的世界裡，只有天真無知的人認為，瘋狂是不正常的。

　　在這樣的世界裡，個人的立足點在哪裡？也說不出所以然，總希望不費力就能改變些什麼？

　　毋庸置疑的是，社會中最古老的三種階級架構，依然在二十一世紀屹立不搖。

　　◆　芸芸眾生的笨蛋階級

　　◆　聰明人階級

　　◆　少數的精英智者

　　笨蛋仍將繼續不知所措，尋求別人的建言，告訴自己該相信什麼、思考什麼、期望什麼和購買什麼；聰明人樂意提供建議，而且還從中牟利；智者則處之泰然、袖手旁觀，他們自知自己要什麼，而且堅定不移地付諸行動，無視法令道德的約束。

　　本書是智者的聖經——那些未皈依任何宗教的智者，對那些懂得盡我所能、天天活得無拘無束、幸福快樂的人而言，翻閱本書是多此一舉。

　　聰明人不用徵求他人同意，我行我素，而笨蛋一旦觸犯了聰明人的戒律，就深深自責，聰明人完全無憂無慮、我行我素。重點是：「先想到自己，再想到別人。」

　　將極端自私鬼的信條與其基本的生存策略，訴諸於文字發表是本書的創舉。萬一，您還是翻開了這本書，應該先明白，自己該歸於哪一種人，全憑自己衡量斟酌。

　　在口耳傳送之下，本書的勁爆內容挑起了笨蛋急於轉跳階級的慾望。同時不少聰明反被聰明誤的人，自以為自己的自私主義才是唯一的真理。

　　此書會引起許多不可避免的反應，道也道不盡，不說也罷。對健康的自私主義的歷史研究到目前為止尚是付諸闕如。這現象與智者的第二條重要信條完全不謀而合：「目前你所相信的事，即真正的信仰，不論那有多荒謬。最重要的是——那是你自己的信仰。」

　　對本書有興趣的讀者，不論是屬於哪一階級，會在閱讀中培養

自己的觀點，當然，先決條件是：「正如馬戲團裡被馴服的野獸，
在馴獸師的鞭打教育多年後——那是我們的社會——還能保有勇於
說出個人的觀點的能力。」

自私鬼的十誡

▶ 一　　　先盡義務，後享權利。

▶ 二　　　量入為出的理財。

▶ 三　　　術業有專攻者，是待價而沽、搶手的人才，反之，
　　　　　才需要工會組織。

▶ 四　　　與自己和諧，即是與全世界和諧。

▶ 五　　　任何對他人的攻擊，其實是對自我的攻擊，而以他
　　　　　人為箭靶。

▶ 六　　　瞭解自己的需要，誰也不能將其主觀的認知強加於你。

▶ 七　　　人人都有懶惰的權利，但並非建立在你的勤奮上。

▶ 八　　　勤奮是為了自己，並非為了他人。

▶ 九　　　瓶中的水越少，搖的聲響越大。

▶ 十　　　知識愈多，越寡言。有時刻意的緘默，勝過言之無
　　　　　物的千言萬語。

》生活篇。

片刻如此微渺，一去不復返！
如不把握此刻，也許就虛度了一生。

自不自由，存乎一心

本篇匯集了我個人想到的三十個問題，這些問題每天以各種方式決定了我們的生命。·

任何時代，智者階級的箝制與欺壓，往往更加深了個人對自由的渴望；正當一群人以推翻壓迫者來解脫自己的同時，另一群人卻認清──自不自由，存乎一心。

推翻壓迫者的後果往往是，政變者立即搖身一變成為壓迫者，從智者階級跳到聰明人階級。

以自我解放而獲得自由的智者，很清楚自己要如何生活。如何生活無模範可師法，模範只是被聰明人利用，給笨蛋製造錯誤的希望，而這些希望永不實現。

基於此項認知，生活篇中匯集了三十個生命的問題，在本書中採用「你」的人稱，是要強調個人與自己的關係及與自己的對話──這是健康自私主義最堅實的基石。

因此，「自私鬼的聖經」訴求的對象就是自己本身，絕非他人。第一個「我」告訴第二個「我」，該如何生活。

在本書諸多提示證實了我的觀點，第二十四法則第一條：「你與自己的關係是所有關係之始，當你相信自己，並與自我和諧一致，你就是自己最忠誠的伴侶。」或者第六法則第二條：「相信自己勝於相信別人。」

當然，「自私鬼的聖經」既不針對窮人或富人、飽學之士或無

知的人、也不分男女或同性戀與異性戀，本書的重點一直是自我、個人自由與幸福，我提出的要求是：「沒有任何人能贈予或剝奪你的自由和幸福，每個人只爲自己負責。」

　　能歸屬到智者階級最大關鍵在於：「義無反顧地主宰自己的生命，唯有笨蛋會找藉口逃避，要別人為他的不幸負責。」

　　看來，箝制別人是聰明人的特徵，而笨蛋的特徵則是誠惶誠恐地臣服他人之下，由此得知，兩者互為依存關係。

　　特別值得一提的是，智者的聖經中關於自私主義的一段話：「你的生命之書匯集了你對生命的看法，你在每日的權謀遊戲中，抉擇與行動之前，以自己的標準過濾外來的影響。」

　　由此看來，除了社會的桎梏之外，你還可以別有選擇，那就是在「自私鬼的聖經」中破天荒地收集許多建議、見解與認知。

法則一　融合爲一大群體

萬物是大群體，沒有生命是單獨存在的。你是你所生存的世界中的一份子，世界是宇宙的一部分，宇宙訂定生命的定律，當你無法改變定律，就改變不符合宇宙定律的自我。唯有與宇宙和諧無爭，你的所作所爲才能開花結果。

宇宙中有種浩瀚無邊的力量在創造生命、繼起宇宙之生命，當你與宇宙融合爲一時，你心中自有宇宙力量。

與自我融合爲一、身軀靈魂融合爲一、病痛生死融合爲一、優勝劣敗融合爲一、敵友融合爲一、天時地利融合爲一，還有與你的所作所爲合而爲一，如此一來，無往不利。

大群體的訓練是每天處理生活相關的大小事。如果認不出整體的關聯性，那你也看不透每天生活小細節中的關連性。

知道你要什麼，並瞭解其關連性，由此一切融合爲一大群體。

法則二　　活在此時此地

順應此時此地的情況生活。

你醒來神清氣爽；你睡時高枕而臥；你心無旁鶩地行事，行動
與思維一致，採取行動毫不猶豫。

今天的你無懼於明日之一切，不戀棧昨日之種種，先踏出第一
步，再邁出下一步，無所錯失。

昨日之是，不一定是今日之是，所以每日採取不同的策略及決
定；你明白如何經營自己的生活，並且相信自己，所以你可自由
地抉擇。

這是此時此地的生活，你有能力順應此刻。

此刻如此微渺，一去不復返，如不把握現在，也許你就虛度了
一生。

因爲你不冀望未來，不依戀過去，你就是活在此地此刻，分分
秒秒地充實你的生命。

法則三　計畫每日、每刻

倘若你不知道自己要什麼，別人會說服你；確認自己要什麼，並計畫如何實現。

計畫，是你順應每日情況而生活的依據，計畫，顯示什麼是可行的。創造力、自發性和信念可以化不可能為可能，並突破計畫的限制，不可自囿於計畫中。

每日，是你生命的縮影，將每日當成生命末日而活，如此一來，當大限來臨，才不會驚惶失措。

讓每日順其自然地來臨，不要以自己的想法扭曲過日子，你要隨性地體驗每一天，與大環境和諧，與你此時此地的自我和諧。

每一刻都是關鍵，每一個決定皆影響了生命的過程，因此，你要有下決心的心理準備。

◆ 你決定何時是你的最佳時機，不太早、不過晚；萬物都有
　　時機，也需要時間。
◆ 為自己下決定，不是為別人。

◆ 做決定時，不要三心兩意。

◆ 一旦做了決定，就要堅持到底。

◆ 倘使做錯決定，立即改變，毫不猶豫。

每項計畫都要有策略，相信自我並監督成果，讓自己從中學習，付諸實行、有成果的計畫才是有價值的計畫。

法則四　自我表白

你是你，不是別人，你的願望、需求與標準只適合你，別人的標準不能套用在你身上。

你是你生命的重心，你決定什麼適合你，若你不做，別人就會說服你，你便不再為自己而活，知道自己要什麼，並付諸行動。

為自己和自己的行為負責，毋需對他人負責。

你的目標在於盡力、盡你所能地讓生活天天自由自在、幸福快樂。

你相信你可以心想事成，相信自己勝過相信別人，如果你相信別人，就是對自己的信心不夠。

你與自己的生死融合為一，不懷疑、不畏懼、不躊躇。

生命中一切所需已在你心中，傾聽內心的聲音，毋需請教別人。

你不問：「我可以嗎？」而是：「此時此地甚麼是正確的？」

你就是原來的你，沒有好壞之分，萬物都有其意義和原因，當你了解其中道理，便了解什麼對你是正確的。

法則五　捨棄與接納

拋開令你心煩意亂的事物，敞開心胸接納讓你自在無憂的事物。

不論生或死，都與自己、宇宙融合為一，你無所畏懼。

拋開恐懼、拋開疑慮，拋開所有阻礙你快樂、自由的事物。

捨棄和接納時，練習下列正面的思考：

◆ 放鬆自己、閉上雙眼，深深地吸進你想接納的事，想像它們與自己合而為一時，你多麼自由、堅定和快樂。

◆ 閉上雙眼、用力深長地吐出你想拋諸腦後的事，想像它們如何完完全全地離開了思想、身體，你感覺，此時的你是如此自由、堅定和快樂。

無為，才能思考，不思考，才能空靈。在「空靈」中才能產生頓悟的力量，你才能沈浸在宇宙的生命能量中。

二思而後抉擇，抉擇後，付諸行動，在實際行動中，拋開行動
的阻礙。

如果今日的知識取代了昨日的知識，不可拘泥在昨日的知識，
凡事沒有絕對，每天都是生命的嶄新開始，敞開心胸迎接它吧！
改變能力所及的部分，時機一到，即可改變今日所不能改變的。

法則六　　相信自己

你的思想塑造你，心想，事成，所以思考是你信念之鑰。

相信自己勝過相信別人。

你知道自己的意願，你自信能達到你的目標，因爲你朝思暮想
要達到目標。

信念，是帶你前進的力量，而疑慮，是拉你後退的力量。

疑慮就是不信任，一旦疑慮產生，信念即告終止。

思考通往信念，信念給予你力量去完成所質疑之事。信心可跨
越「可能」與「不可能」，實現「始料未及」的事，先決條件是
你要正確地執行。

你自己不相信的事，你也無法達成。你要相信自己意想不到的

事。

鍛鍊信念，不停地探究遲疑的原因，直到信念取代了懷疑。

唯一的信念是──相信自己。

法則七　正確判斷定律與價值

生命中的事物自有其時機、定律與價值，以自我的標準評定生命中一切事物的價值。

今日珍貴的事物，也許明日就失去價值，這是價值的相對原則。

當你和自我、宇宙融合為一，每件事物的價值和定律便應運而生。

定律的特徵在於開始、結束，先後有序即是定律的架構，判斷事物之價值即是依其是否先後有序。

正確判斷的藝術：認知什麼對你是正確的。你必須先捨才能有所得，得以達到你的目標。

法則八　　協調身心

健康時，想盡辦法不生病；生病是因為你未盡力保持健康。

能自助則自助，己所不能時，則找到最好的夥伴幫你重拾健康。

生病時，要從中學習如何保健。

健康即是身體、心智和心靈協調一致，三者合而為一，健康長在。

身體的不協調起因於心靈的不協調，健康始於「三一」：
◆ 與自己融合為一。
◆ 與身體融合為一。
◆ 身體和心智、心靈、情感、直覺及想像力融合為一。

因為整個生命在活動，心智和身體也在活動，當心智在活動，也帶動你的身體，反之亦然。

不要壓制自然的要求，而應盡情發揮，壓抑是疾病的罪魁禍首。

平衡緊張與鬆弛，直到自己身心和諧。

重視你接收到的訊息，傾聽身體和靈魂發出的訊號。

在問題衍生成身體疾病前，正視身體發出的警訊，解決問題。

法則九　善加運用金錢

不是由金錢決定你的願望和需求，而是，基於你的願望及需求來認定金錢和財富對你的意義。

當金錢與財富帶給你的煩惱勝於喜悅時，你要痛下決定，有所取捨，使自己自由、快樂。

你知道自己需要什麼，你能過怎樣的生活，你明白，先有捨才有得。

從「不可或缺」之中挑選最好的。

只運用手中擁有的金錢，做如下的支配：

◆ 一部分的錢用來過自己想過的生活。

◆ 一部分的錢用來讓自己自由，不成為錢的奴隸。

◆ 一部分的錢用來儲蓄，以備不時之需，才能無後顧之憂。

只因羨慕別人擁有，而購買自己用不著的東西，便是過剩之始。

法則十　　鍛鍊毅力與耐心

生命中事事有其時機，也需要時間來醞釀。

下決定後，要持之以恆，不達目標決不停止。

發現做錯決定，以致未能達成目標，要記取教訓，立即改變計畫，毫不猶豫。

◆ 懸崖勒馬比一錯再錯好。

◆ 如果你高估自己或錯估阻力，請自我充實，直到克服阻力為止。

◆ 不浪費力氣為自己的失敗辯護，失敗的好處是：從中記取教訓。

耐心是不急不徐地追求目標，直到期望的結果水到渠成。

急躁別無他義，就是你將「有志者事竟成」的機會拒於千里之外。

耐心也是生聚教訓，直到成功為止。

評估志向，端看你所訂定目標的成果。

恆心與耐心最大的絆腳石是：懷疑和急躁。

法則十一　學習專注

專注，即是將思維、感受和能量投入你此時此地所做的事。

與自己的所作所爲融合爲一，全力投注：

◆ 思想力和想像力。

◆ 感受力。

◆ 直覺力。

◆ 知識的力量。

◆ 自信自己會成功的力量。

分散注意力的五項干擾：

◆ **猶豫不決**。若你不能當機立斷，也就無法專心一致。

◆ **患得患失**。一旦你想擁有全部，也就無法眞正享有。

◆ **缺乏自信**。你無法傾全力投入自己沒把握的事物。

◆ **缺乏耐心**。做事不循序漸進的話，在踏出下一步前，你會
分心想著上一步的錯誤。

◆ **所做非所愛**。如果不認同自己的目標，你會不情願、不歡
喜地去執行。要做就做自己喜愛的事，不然不做。

全神貫注，即是和此時此地所思所做的完全和諧一致，拋開所有對目標無益的事，迎接一切有益目標的事。

法則十二　　權謀遊戲

你的一生，其實是一場權謀遊戲，輸贏更迭，須練習遊戲規則，以立於不敗之地。

將每場比賽視為人生的最後一場賭注，為了勝利，全心投入，你相信你能贏得每場比賽，否則就別參與。

錯失第一次機會，就利用下次機會，而下一次機會永遠是最後一次。如果你只寄予希望，而不相信自己會贏，那麼你就不是勝利的操盤者。

權謀遊戲中，人人都是你的競爭對手，戰勝自己即可擊敗任何人。最大的勝利是沒有勝負，勝利與否由你來評定，絕非他人，只有你知道你生命的意義。

自信的人，毋需以打敗他人來證明自己，最大的說服力是你的自信。

依自己的規則來玩這場遊戲，由你決定時間、地點，信念堅定，你的「我」沒有特定模式。

◆ 浮動的信念使你不能決定行動，一旦猶豫即不是信心堅定。

◆ 侷限在某一形式中，使你無法順應情勢及當下的「自我」行動，跳脫模式，便無往不利。

以下是權謀遊戲中，七個不二法門，讓競爭者的攻擊落空，直到他耗盡自己的精力為止。

◆ 對手辱罵你時別打斷他，耐心聽完，直到他詞窮為止。

◆ 對手嚴肅時，就逗他笑。

◆ 用問題引導他，使他贊同你，不再與你針鋒相對。

◆ 承認他都是對的，哪怕他是錯的。

◆ 堅決且明確地表達自己的立場，讓對手明白你的底限。

◆ 鍥而不捨地重複你的看法，讓對手放棄以其觀點來說服你。

◆ 不為自己辯護，不然你就是處於防守地位。

重複守則：三人成虎，積非成是。

迷惑守則：聲東擊西。

活動守則：讓對手馬不停蹄，伺機捉住他的弱點。

曲徑守則：讓對手多走些冤枉路，而你只繞小圈子。

感受守則：笑容、淚水比理性更具說服力，感動人心比起千百次的辯解更有效果。

放棄守則：最好直接放棄沒有希望獲勝的比賽，不要參與。

交友守則：化敵為友，就不需要戰勝對手。

釣魚守則：釣魚是在釣竿上以蟲為餌，儘管你比較愛吃蘋果派。

權謀遊戲沒有絕對的勝利可言,看中目標並配合情勢按部就班,隨性比計畫更重要。

想在權謀遊戲中獲勝,就得不驕傲、不虛榮、不畏懼和不憐憫;保持清醒及耐心,進退有據,不後悔也不愧疚,因為對手會利用這些弱點來對付你。事先規劃好一切,依情況隨機應變。

權謀遊戲的規則:分享與贏取,挑出對手中最強的一位,孤立他;當眾多對手逼迫你時,以退為進,儲備自己獲勝的實力。

知己知彼百戰百勝,你不瞭解對手,即是不瞭解自己的機會,註定是輸局,所以,只認識自己是不夠的。

在權謀遊戲中利用五個弱點:

◆ 對手害怕未知數。

◆ 未實現諾言,矢志讓夢想實現。

◆ 在無助時期,期盼援助。

◆ 懶散不振。

◆ 對手缺乏自信心。

謠言，是權謀遊戲中的手段之一，謠言比公開挑戰更具危險性，除非你揭露謠言。

謠言是刻意製造的謊言，人們會信以為真，你依照心中的真理而活，有自己生活的主見，毋需擔心謠言的中傷。

沒有自信的人，篤信謠言勝過相信自己，最容易成為權謀遊戲的犧牲品。

遊戲中要擅用別人的弱點，當你信念堅定、機警，對方就抓不到你的把柄。

法則十三　　注重身體的保健

當身體告訴你需要食物時，就選擇自己喜歡的食物；當身體告訴你不需要食物時，就停止進食，尊重身體的反應，並從中學習如何保健。

細嚼慢嚥，細心品嚐。

不要為了生氣、恐懼或轉移注意力而飲食。

無須別人告訴你，你要飲食了，你有自己的標準，你的身體與真正的需求決定你的飲食。

真心享受食物，每一口咀嚼三十次。細細品嚐每一口食物，並先用唾液分解食物，幫助食物消化。

細嚼慢嚥。

注重飲食中酸鹼均衡，肉與蔬菜要等量，酒與水要等量，甜食需要水果來中和。

每一個星期節食一天，只喝水或茶，可以淨化身體。

飲食前，自我放鬆，飯後散步可幫助消化。

飲食是你整體的一部分，當飲食和你融為一體時，也是一種消化。

健康消化的四個前提：

◆ 正確飲食。

◆ 充份喝水。

◆ 適度運動。

◆ 吃飯前將問題拋諸腦後，別讓問題在胃中囤積。

法則十四　想像力與創造力

想像力，是看見尚未存在事物的能力；創造力，是想出前所未有的方法的能力。

現在的你，活在此時此地，你心目中想實現的自我尚是幻想中的願景，創造力就是設法實現你的願景。

你想像力不及的事，你也無法實現，所以你要讓想像力自由馳騁。

只有你相信自己無所不能，創造力才能發揮作用，或許今天無法實現，然而，總有時機成熟時。

想像力只能在自由的條件下奔馳，如果你凡事憑經驗，想像力便沒有發揮的空間；恐懼會壓抑想像力的發揮。

別人依照他的標準教育你，限制了你的生命；你的想像力刺激你突破藩籬，展現自我。

當想像力強化自我信念時，無往不利，反之，當想像力加深猶疑，你卻步不前，停滯的你停止每天過自己的生活。

在權謀遊戲中，想像力也是你使用的手段之一，用你的想法加諸於其他人，他們就成了你遊戲中的一顆棋子。

知道自己的需求，有自信、有計畫，誰也不能利用你的想像力，除非，你有充份的理由去容許別人利用你。

法則十五　完成現實的目標

生命的遊戲有三個層面：

◆ **現實層面**──符合你生存世界的要求。

◆ **你的願景**──實現你自己對生命的願景。

◆ **策略層面**──具備能夠實現願景的策略。

願景，使生命有意義，在現實中，你克服了實現夢想的障礙，策略爲了克服障礙而生。

你不是爲實踐計畫而活，也不是爲願景及策略而活，重要的是，此時此地完成你所設定的目標。

法則十六　　尊重共同生活的自由

婚姻和伴侶關係意義相同：兩人一起解決問題勝過獨自設法，若無法做到這點，伴侶關係便失去意義，如果你所擁有的或所做的，使你苦多於樂，立即行動改變現狀。

每位家庭成員有權要求：盡力為家人付出，也讓家人為你的需求付出。

家庭共同生活有下述三原則：

- ◆ **個人最大自由原則**：每一位成員尊重他人的自由。
- ◆ **尊重差異性原則**：尊重他人原本的自我，不期待他人按照你的想法改變自我。
- ◆ **溝通原則**（權謀遊戲法則之一）：每個人都是你的競爭對手，包括你所愛的人，有愛就有所要求。

家庭中，每位個體以自己為中心，每個人先為自己、自由與快樂負責。

自助，而後人助。

助人，是幫助他人自助，不願自助的人，沒資格要求你的幫助。

在婚姻和家庭中，不需要去認同別人的意見，但要尊重其意見。

沉默、自哀自憐或歸咎對方，不如爭吵。

在同居關係中，爭吵的藝術在於：不論用什麼方式，能全盤說出心中的感受，怨氣不累積到第二天。不能將問題開誠佈公的人，就算等到第二天也沒有能力與伴侶和解。

伴侶有權傾訴，人人都有義務傾聽並尊重別人的看法，即使自己持不同的意見。

有話就要馬上說，不需要顧忌對方的看法。

不要爲了顧忌對方而壓抑攻擊性，壓抑不能解決問題，反而製造新的問題。

先改變自己，才能改變共同生活，先對自己的行爲有自信，才能說服別人。

家庭的意義並非遷就弱者，而在於幫助他們自立自強。

法則十七　　滿足自我的慾望

長期抑制自然的慾望，是煩憂與疾病的罪魁禍首。

你不能用大腦滿足生殖器官的需求。

性無關道德，道德是權謀遊戲中聰明人專爲笨蛋發明的工具。

愛是你此刻最渴求的感覺。

當下的原則也適用於滿足慾望——順應此時此刻，今日之是，未必是明日之是。

性愛和慾望是生活樂趣的一部分，當性、愛、慾望帶給你的恐懼多於喜悅時，立即改變，毫不遲疑。

失之東隅，收之桑榆，時機尚未成熟，強求不得，自動的捨棄，不會若有所失。

性愛方面，你時時準備好「備胎」，才能免於被勒索。

對你來說，性愛和慾望是返回性愛的原本，毋需別人闡釋，沒有好壞之分，你當下認為正確的，就是對的，你只依自己的需求為自己訂定規範。

法則十八　　視每日為生命的末日

爲生命而生活，當死亡來臨，瀟灑拋開生命！自由自在、幸福快樂地迎向死亡，一如你自由自在、幸福快樂的生活。

將每日視爲生命末日而生活時，大限來臨，你不會驚惶失措。

正如痛苦與生命融爲一體，死亡亦與你的生命融爲一體。

不畏怯痛苦，與痛苦融爲一體。

訓練精神的和諧，可預防身體上的不和諧。

法則十九　面對恐懼，處之泰然

所有的教育是以恐懼、脅迫和勒索的方式養成。心生恐懼的人才會被勒索，自我教育的人，是不受勒索的。

恐懼之最，有三：

- ◆ 害怕未知數。
- ◆ 害怕犯錯被懲罰。
- ◆ 害怕失去別人習慣的你。

無懼。畏懼只有在「我害怕」的想法存在時才存在，用自我意識學習思考正確看待恐懼，因為你是自己思考模式下的產物。

- ◆ 相信自己，不須懷疑。
- ◆ 依自己的準則生活，用不著畏懼別人的批評和懲罰。
- ◆ 自己明白，什麼是對的，別讓他人的讚美成為操控你的工具。
- ◆ 精神上的自由，是他人無法牽制的自由。
- ◆ 和自我與生命融為一體，當然也與恐懼融為一體。

訓練為自己生命而活的力量，無懼失敗，因為你能從失敗中學

習，避免重蹈覆轍。

面對恐懼，不要畏怯，越認清恐懼的眞相，越能處之泰然。

◆ 你自問：你究竟害怕什麼？

◆ 你自問：恐懼從何而來？

◆ 你自問：最慘的情況是什麼？我將怎麼做？

◆ 你自問：對我而言，最有利的情況爲何？

◆ 當機立斷，馬上行動，應付讓你擔心煩憂的危機。

◆ 既然下了決定，就勇往直前。

正視恐懼，你就不會嚇得心驚膽跳。

恐懼其來有自，如果你明白其中原由，便能找到更好的方法將之連根拔除。

活在當下，順應目前情勢，沒有什麼能讓你驚惶失措。

當你可捨棄一切，無人可勒索你。

當你與生死化爲一體時，毋需畏懼死亡，你無懼，無人可利用
恐懼勒索你，除非，你愛其他事物更甚於自由。

法則二十　適時的說話與沉默

有時，是說話的時候，有時，是沉默的時候，適時說話和適時沉默更具說服力。

你所說的不一定是眞理，只是你認定的眞理。

隱忍不說，不如說錯，我口說我心、道我所知。除非，你的感受不言自明。

爲說而說，但也爲隱瞞而說。

不因恐懼或虛榮心作祟而說，在此情況下都是言之過多。

說你目前認爲對的事情，不受旁人誤導而說出你現在不想說的話。

說了傷害自己的話，不如說謊；要求你誠實以對的人，是想在

權謀遊戲中撈得好處。

說話時，知道自己想說什麼，若說話時靈光乍現，就讓創造力自由飛翔吧！

說話不光靠嘴巴，也要搭配眼神、臉部表情、手勢和整個身體，你明白的，某些時候，一個手勢勝過千言萬語。

聆聽是上策，別打斷他人說話。

哭和笑，是人類共通的語言，能用則用，識破想以哭與笑矇騙你的人。若你不聆聽別人說話，別人也不會聆聽你說話。

多話之人，隱瞞的真相比說出的多，所以你也要聽出其不用語言表達的真相。

你毋需向不瞭解你的人多費唇舌，你不是為了教導別人而活。

你要尊重，不願瞭解你的人有其原因。

說話時，要想辦法吸引別人聆聽，沒有聽眾，就別說話。說話要有頭有尾，哪怕別人打斷你。如果現在不能說，以後再說。

不斷重述你所相信的事，儘管現在沒人願意相信它。沈默勝過言之無物。

知識即是權勢，所以不要告訴別人關於自己的事，這代表你將操控自己的權勢交付他人，讓他人利用它在權謀遊戲中對付你。除非，你願意讓他知道。

你說的話未必都是眞實，只要別人相信即可。威信並非建立在你是對的，是在於別人相信你是對的。

你在權謀遊戲中以威信爲手段，你應該明白，當別人看穿你時，別人也會以威信對付你。

最強勢的說服力不需建築在威信之上，而是你在平日行動中實現的個人信念。

法則二十一　善加利用批評與讚美

批評和讚美是權謀遊戲的工具，需要他人讚美、又害怕被人批評的人，便受制於人。

知道你想要的，相信自己，做事有主見，別人不能利用讚美和批評操控你，或對你不利。

讚美你的人，是為了私利而爭取你的認同；批評你的人，是想提高自己以貶低你，或揭發你的瘡疤以掩飾自己的錯誤；讚美和批評是聰明人在權謀遊戲中的手段，用來支配笨蛋。

批評你的人想藉此建立威信。以理服人者，不需強調自己的威信；裝腔作勢要威風者，自己才是缺乏權威。

若讚美和責備在權謀遊戲中對你有好處，要善加利用，因為你的利益比其他人的不利更重要。

每個人都得為自己負責，不要找藉口為自己辯護，自己為何受到他人擺佈、被別人利用。

法則二十二　探究知識與真理

唯一的眞理是：你自己的眞理。以別人的眞理作爲自己的眞理，是受制於人，並在生命的權謀遊戲中自曝其短。

每日有其眞理，昨日的眞理未必是今天的眞理。

永不停止追求此時此地的眞理，停止追求眞理，也是結束爲自己而活。

眞理不只在思想中，它無所不在。若你願意隨時隨地找到眞理、接納眞理，你就能看見眞理、聽見眞理、感覺眞理。

知識只是你此時此地的所知，這是不斷探索的成果，苟日新，日日新，又日新。

知識的目的是實際運用知識，實際運用能增進知識，而使自己活得更幸福、更自由。

知識只讓你此時此地活得快樂，別無其他用途。

知識並非從別人身上學來的學問，知識是你自己探索、認知與理解的結晶。

擴大你的知識是將昨日與今日的知識串連在一起，也可說，你摒棄了昨日的知識，因爲你今天獲知更好的知識。

探索的本質是好奇心，探索的工具是發問，探索的意義是滿足好奇心，追根究柢。

斷下定論而不追求眞理的人找不到眞理；逃避眞理的人，也找不到自我。

引用別人學問的人，無法認知自己的眞理。

眞理的矛盾始於你懷疑你的眞理,而相信別人的眞理,人人爲己,天經地義。

衝突的起因:你認清了眞理卻壓抑眞理,只因爲依眞理行事比較麻煩。

如果你依自己的眞理而活,就沒有說謊的必要,除非你要自己欺騙自己。

不須證明你的眞理,眞理不證自明。

尊重他人的眞理,即使別人的眞理不是你的眞理,每個人只爲自己的眞理負責。

思索不能體認知識的全面,當自己與宇宙融合爲一時,完整的知識再頓悟獲得,你心如止水,你的「自我」無形無體。

學問沒有特定模式，限於特定形式中的學問阻礙你不斷追求你的眞理，心靈搖擺不定，心神不寧，無法認清眞理，眞理是沉靜的認知。

枝微末節中找不到學問，必須追本溯源，這是形式和內涵之分。

法則二十三　　自助後人助

只有助人自助，才是眞正的幫助。

不願自助者，神仙也無能爲力。

你越常受人幫助，越喪失自助的能力，受制於幫助你的人，所以助人也是權謀遊戲的工具之一，使別人依賴你。

當你允諾幫助別人，你讓他等得越久，就使他的依賴越深。自助而不指望人助。別受制於幫助你一臂之力的人。

未得人助者，能化痛苦爲自助的原動力，除非他已自暴自棄。

同情是鼓勵自艾自憐。乞求你同情的人，是爲自己無能自助找藉口，鼓勵他，解決他的問題，而不是自艾自憐逃避問題，才是眞正的幫助。

自艾自憐無濟於事，只會製造新的問題。

助人的價值取決於最後的結果，而非助人者的大聲張揚。

不論自助或助人，幫助的四個步驟是相同的：

◆ 你認清問題。

◆ 你找出問題癥結。

◆ 你找到更好的解決方式。

◆ 你不斷演練解決方法，直到此方法在潛意識中戰勝懸而未決的問題。

唯有自助，而後人助。

要求你助者，是利用你的良心不安。

如果你無法說服他人自助，讓他吃些苦頭，學習自己下決定。

不爲那些不想自助的人浪費你的精力。

助人時，告訴他你將幫他多久，如果你不設期限，他會養成習慣，要你爲他的失敗負責。

助人時，要認清，他何時利用你，作出不利於你的事。

助人若等於支持別人逃避問題，不如不幫。

爲了消弭良心不安而助人的人，既幫不了自己，也幫不了別人。

有些人幫助他人是爲了替自己無能解決自己的問題轉移焦點。

法則二十四　為自己負責

你與自己的關係是所有關係之始，當你相信自己，並與自我和諧一致，你就是自己最忠誠的伴侶。

與自我和諧一致的意義是：

◆ 從失敗中記取經驗，不要自我批判、也不要找藉口搪塞。

◆ 相信自己，不須疑惑。

◆ 當你相信自己，無人可動搖你的信念。

◆ 為自己負責，別讓別人為你責任。

◆ 認清自己、不自欺，除非你想在權謀遊戲中為了一己之利欺騙別人。

共同生活的意義：共同解決生活的問題，勝於獨自設法。

共同生活的最好條件：不是相同，而是互補。

共同生活並非寬待對方，而在有創意的爭執中，相互認識、諒解。

共同生活是尊重對方，使對方也尊重你。

共同生活意義是分享，雙方從分享中所收穫的比付出的多。

共同生活中每個人都有他的道理，你尊重對方的真理，使對方也尊重你的真理，若對方不配合，你有你的真理，他有他的真理，你不要試圖改變他。

當共同生活帶給你的憂多於喜，便失去其意義，不要顧慮對方，應該當機立斷，痛下決心改變現狀！

無法和自己快樂相處的人，也無法和伴侶快樂相處，不愛自己的人，同樣也無法愛人。

你相信自己勝於他人時，任何伴侶都不會讓你失望。

伴侶原則是階級原則之外的另一種關係，在共同生活中，每個人先爲自己負責，之後才爲共同的事務一起承擔責任。

在階級原則中，個人或少數人以爲別人承擔責任，進而享有威權。

爲對方承擔責任，並不等於有能力爲自己負責。

不能爲自己負責的人，卻假裝爲別人負責，是以民主之名來逃避現實，即便是民主的決定過程，也不會讓錯誤的決定變成對的。

民主的決定的功能是：責任不是由一人承擔。

在共同生活中，各自爲自己負責，如此一來沒人能逃避責任。

聰明人利用自主的決定，往自己身上攬功，將失敗的責任歸咎給笨蛋。

爲自己及所作所爲負責，才不會依賴那些虛情假意要爲你負責的人。

法則二十五　拋開道德與文化

你毋需為社會負任何責任，動輒引用「社會」大帽子的人，是想要從中撈取好處。

社會是由和你一樣的許多個體所組成。

尋求社會庇護的人，自認為無力自我保護，他將受提供庇護者的人所利用。

在權謀遊戲中，道德是最好的理由，用來說服沒有自我標準的人。

那些假道德之名而從中賺取私利者，將道德標準定得高不可及，使信服道德的人以為，道德之崇高無人能及。這樣的人是權謀遊戲中永遠的輸家，依自己的標準而活，並深具信心的人，旁人不能以罪惡感來勒索他。

罪與贖罪原則：因為不能滿足別人要求而有罪惡感的人，是為

那些自詡為道德捍衛者而從中獲利的人贖罪。

在你評斷那些自詡為道德捍衛者之前，察其言、觀其行。

防止他人以道德之名向你勒索的最佳方法是：依自己的標準而活。

你活在三個階級的社會裡：

◆ 聰明人階級，規定笨蛋該思考什麼、信仰什麼、希望什麼和購買什麼。

◆ 需要聰明人的笨蛋階級，因為他們不知道該思考什麼、信仰什麼、希望什麼和購買什麼。

◆ 智者階級，自知，所作所為以自己為標準。

擁有內心自由的個人，才有自由的社會，因為你竭盡所能掙取自由，無論你在哪種社會生存，都是自由自在的。

你有自己的標準，拋開道德，道德阻礙你依自己需求而生活；解脫了罪惡感，你就無懈可擊了。

文化存在你心中，每一個體爲自己而活的方式，即是文化的表現。文化是生活的實現，不受任何人的規範或統御。

一旦文化被統御，就不是生活的一部份，再也不能沿革遞嬗，源遠流長。

文化是將昨日的文化演變爲今日的文化，並非只執著在過往的意義，因爲生命在當下發展，你當下的生活才是你的文化。

從生命學習生活的能力，使你成爲文化之一部份。

你的文化是你的思想、你的目標即達成目標的方式。衡量你的文化的標準是：你有多自由、多快樂。

當你自覺自己是文化的一部份，不需要別人教導你或將文化賣給你，他們其實是要賺取個人的利益。

法則二十六　創造適合自己的生活

儘管媒體訴求自己是道德良知機構，其實不然。媒體是媒體大亨們為私益所掌控的權謀產業。

傳播媒體創造了虛擬的世界，媒體的信仰者在媒體的虛擬世界中滿足現實生活的缺憾，無法為自己而活、無法親身體驗生活的笨蛋們，仰賴媒體賣給他們二手生活。

面對現實，每天就可直接為自己而活，生活是靠體驗，而非冷眼旁觀。

依照自己的需要和自己的標準，利用媒體。

活在每日的現實中，解決問題，而非逃避到虛擬的世界中。

編織自己的夢想，體驗自己的痛楚，並致力創造適合自己的世界。

親自品嚐生活冷暖的人，不需要在他人的豐功偉業中，找尋二
手的幸福。

法則二十七　改變自己，塑造自己的世界

國家爲你而存在，並非你爲國家而存在，藉國家之名的人只想犧牲笨蛋圖利自己。

聰明人利用國家組織，以喚醒笨蛋心中最美好的希望。

如果國家不符合民之所欲，則取決於人民是否應改變國家。

如果人民應宗教和政黨的要求而犧牲奉獻，宗教和政黨便許諾他們有個更美好的未來。

宗教和政黨給予信徒普世幸福的希望，卻要求他們以犧牲個人自由爲代價。

生活的標準是幸福和快樂：你依自己的想法、自力、自由地追求幸福快樂。

改變自己，就可以改變自己生活的世界，這是個人主義的觀

點，人人都可以塑造自己的世界，先決條件是：要有自己承擔後果的心理準備。

在自由競爭中，人人都有機會犧牲別人，以成全自己，由此觀之，自由競爭即是發揮權謀遊戲的精神。

在自由競爭中不需顧慮社會正義，心中只有自己，正如適者生存的原則。

和平、平等和博愛，是聰明人賦予的希望，為的是利用笨蛋，圖利自己，唯一的自由是：自行決定願意歸屬哪一階級：智者、聰明人或笨蛋階級。

不管小市民做何決定，他必須知道有捨才有得，什麼是生命的意義。

只有不和別人比較的人，才是自由的人，因為你心裡明白自己要甚麼。

法則二十八 　與宇宙的力量合而為一

兩股決定你生活的力量
- ◆ 掌管萬物生命與秩序的宇宙力量。
- ◆ 發自內心，爲了自己而活的力量。

你和宇宙合而爲一，宇宙的力量常駐在心中，因爲你是宇宙的一部份。

宇宙的力量源自於宇宙之綱常。

在冥思中，你與綱常合而爲一，順應綱常，而非與之抗逆。

綱常不需靠任何人注釋，你心中自有綱常。

你與自我、綱常合而爲一，無往不利。

如果你只依自己的秩序而活，心中沒有綱常，只能成功一半；如果你既無法與自我也不與綱常和諧一致，你將一事無成。

每天結合宇宙的力量，吸收爲自己所需的力量，才能因應每日情勢而活。

忠於自己和遵守宇宙綱常，爲自己而活，這是你生活的準則，別無它方。

法則二十九　　依循宇宙的定律

秩序與混亂的原則就是宇宙的定律，這也是萬物形成、生長與消逝的法則。

你的生命等同萬物的生命：

- ◆ 在秩序與混亂的緊張關係中孕育而生。
- ◆ 生長，讓它恣意發揮。
- ◆ 消逝，耗盡能量，回歸原點，或許再重生、再生長、再消逝。

這就是宇宙和生命的軌道，你在這軌道中形成、發展與逍逝。因此，你為生命而生活，當大限來時，撒手歸去。

違背日常生活之法則而生活，也就是違背生命法則，完成日常的瑣事，大事自然水到渠成。一葉知秋，小生命中看大世界，不賜予小樹苗生長的誘因，不能指望它成為華蓋大樹。

你每日依循著形成、發展和消逝的法則生活，便無所錯失。

法則三十　賦予生命意義

你賦予生命意義，生命才有意義。

為生命的意義下了注釋，卻不予實現。你應有實力過比目前好的生活。

你不能自創生命的意義，沒人能為你的生命下定義，若你努力不懈追求生命的意義，才能頓悟生命的意義。

倘若你無法看清自己，也無法和自己、宇宙合為一體，就無法體會生命的意義，你只是個在別人教育下所產生的複製品。

任何人皆不能逃避的重大決定：
◆ 我在別人的期待中而活嗎？
◆ 我為自己而活嗎？

你生命的意義在於：竭盡所能，讓自己無拘無束、幸福快樂。

今天的你自由自在、快樂無比,明天不見得如此,天天是新的生活,所以無法保障你的自由和快樂,只能每天盡力追求自由和快樂。

>> 技巧篇。

如何活得自在又快樂？
全看你如何移開，
阻礙你自由快樂的絆腳石。

自助而後助人

「技巧篇」建立在以下兩項認知上：「真正的進步是回歸自我」以及「處理好生活中小事，大事就水到渠成。」

教導笨蛋生活的標準，並以處罰來恫嚇他們，這全然是施行管束策略。但從沒人告訴笨蛋們具體的建議：「如何自力，依個別情況過自己的生活。」

老師告誡學生：「要專心」或是「振作起來」，但沒告訴他們要如何專心，或是如何振作起來。也就是說，直接告訴笨蛋該做什麼，但沒教他們如何自力去完成。如此一來，笨蛋一輩子受制於「有知識的人」。

生活的技巧一直受聰明人統馭，作為管束笨蛋一生的基礎。所有的威權都建立在此原則上。以下是幾個例子：

◆ 只有法官及律師有能力處理法律。我們的法律條文早就以一種笨蛋不能了解的語言撰寫而成，笨蛋們不得其門而入。

◆ 科學家不斷發現新的疾病，並以可怕的後果恐嚇大眾。科學家卻不願發展並指引大眾，如何以簡單的生活技巧來防治疾病。

◆ 當然，大學的講座是不教導學生如何自力、活的快樂。

◆ 政客和幹部用我們的名義和金錢壟斷權力，建立秩序。他們小心翼翼監視笨蛋，生怕笨蛋學會自保，使自己免於在日益增高的犯罪中受到侵害。

「技巧篇」擷取十種技巧，聰明人藉此脫離了他人的保護管

束，而獲得自由。自己去塑造自己的生活，不用一輩子仰賴奸巧者的知識及幫助。

自助的第一步，是要自知自己與生俱來的能力與機會的極限在哪裡。

「處理好生活中的小事，大事便水到渠成」，不外於乎「自助而後人助」，或如生活篇第四法則第三點所言：「為自己和自己的行為負責。毋需為他人負責。」

法則一　練習正確的呼吸

呼吸是你生命的律動。練習正確的呼吸，直到你的呼吸如魚得水。

順從生命律動而呼吸，而非逆向而行。不要勉強你的身體去呼吸，而是讓身體帶領你呼吸方式，你依順著它。

靜靜地深呼吸，你可以感覺到宇宙能量湧入身體中。靜靜地吐氣，你可以感覺到，你的心智與身體中充滿了宇宙的力量。也就是說：「當宇宙的能量深入體內時，超自然的力量在你身上滋長。」

恐懼的人，呼吸是淺而短的。健壯的人，呼吸飽滿而深沉。

當身體中充滿了宇宙能量時，你是以肚臍下的中心在呼吸。

當你的精神和感覺充滿著宇宙的力量時，用中心、伸展的脊髓及擴張的上顎來呼吸。

將有療效的宇宙力量引導至生病的部位，並且想像，熱流如何治療患處。

正確的呼吸使你與你的生活協調爲一，因爲萬物隨宇宙的律動而呼吸。

衝刺攻擊時，要呼氣；在吸氣時是脆弱之時。

呼吸是想像力的工具，帶你深入潛意識裡。

害怕時，用力呼氣；生氣時，用力地把悶氣呼出來。當你需要力量全神灌注時，用力吸氣。

法則二　平衡緊張和放鬆

緊張會讓你疲倦，放鬆又會消耗很多力氣。兩者平衡才能產生動力。

緊張與放鬆、移動與靜止是生活的自然律動。正如白天和黑夜、退潮和漲潮、吸氣和呼氣一樣。

當你吸氣，產生緊張與能量；吐氣時，放鬆自己，因為你將所有緊張及能量集中於某件事。

取得緊張和放鬆之平衡就能產生行動力。生命即是行動。當你覺得向前是對的，那麼就向前；如果覺得後退較好，那麼就後退。

如果你覺得靜止比較好，就練習靜止下來，深思。在放鬆自己的同時收集新的力量。避免匆忙失措，別讓任何人、任何事勉強你的律動。

放輕鬆的三要素：正確的姿勢、正確的呼吸及正確的思考，直
到你停止思考，在「思考眞空」中放鬆：

◆ 採取正確的坐姿：頭微低、背脊挺直、閉上雙眼、雙肩自
然下垂並保持鬆弛。

◆ 安靜地吸氣、深長地吐氣。用思考及想像力放鬆自己，告
訴自己：「我全然安靜又輕鬆。」

在輕鬆中拋開自己、拋開肉體、拋開思緒，無欲無求。

完全放鬆自己後，用力吐氣並睜開眼睛。

每天訓練自己，直到緊張與放鬆成爲你的一部分時，你才能體
會緊張與放鬆。

法則三　通往潛意識之路

你的生命由三項前提決定：

◆ 你與生俱來的「我」。

◆ 在別人教育下，依其想法而塑造而成的「我」。

◆ 你依自己想法而設定的「我」。

掌管思想及行為之鑰是潛意識，潛意識的程式掌控了你的生命。

設定潛意識之工具是，有意識的思考與潛意識的交互作用。

當交互作用和諧一致時，你可我行我素。當他們不協調時，你的生命就飽受矛盾所苦。

當你的需求以及期望受壓抑而不得舒展時，內心產生衝突。

所有受壓抑之事無法以意識控制，在下意識受阻擾的思考與行為，是永遠無法排解的死結。

如果他人以教育方式設定了你的潛意識，你是以他人的標準而活，這也抑制了滿足自己的需求。

意志力無法克服因教育而深植在潛意識裡的障礙，你必須另謀方法，耐心地以自我方式設定自己的潛意識。自我教育的內容是：自己教育自己。

通往自己的潛意識之路是，堅持自我的目標，直到此意念深深烙印在潛意識裡，戰勝所有的阻力，你便可全力以赴。

你是你思考方式的產物。一直到有朝一日，思考完全超越了意識的控制，而演化為自主的行動力。

在放鬆的狀態下設定你的潛意識。在恬靜之處放鬆姿勢、徐緩地深呼吸，全神專注於「內在的自我」，你可以完全地放鬆。

以正確的姿勢、呼吸和專注「內心的自我」，你可以從他人強

加於你的生活律動中掙脫而出，回歸符合自己的生活律動。

潛意識不會自行判斷，它聽命於設定程式之操控。如果你不用自己的程式設定你的潛意識，旁人就將他的程式輸入你的潛意識中。

心中常懷恐懼，你的潛意識就將恐懼化為行動。如果你常想：「無論如何，我都辦得到！」，那麼你的潛意識會滿懷希望激勵你的行動。

你的思想能訓練你的潛意識。當你心生懷疑，請以成功的信念代替憂慮，直到信念戰勝疑慮。

在你的潛意識中，堅定地設定對自己的自信心。你不單只想到自信，而要能感受自信，以想像力塑造自信。

運用想像力，在潛意識中預先演練成功的景象。依此原則：**有了精神上的勝利，實質上的勝利隨之而來。**

潛意識的力量以及協調來自於：「有意識而自覺的我」與「指引行動的潛意識下的我」的協調。

一旦有意識的我下定決定，任何思想都不能干預無意識的行為。

切記，所有的行為都要經過練習。無論是哪一種技能或是目標，都要身體力行，一步步改善，直到行為能配合思想而動。

也就是說：在做計畫和決定時，要仔細思考；但是在執行時，秉持自己會成功的信念，千萬別讓懷疑成為成功的絆腳石。

法則四　冥思

在冥思中，你可以了解你是誰、你要什麼、你如何達到目的。潛意識的程式設定取決於自己的行為，而冥思可使自己和宇宙融爲一體。

你所生活的三個世界：

◆ 你那獨一無二的內心世界。

◆ 那與他人共存的世界，不論是在你心目中支持你或阻礙你生命的人。

◆ 廣闊無邊、主宰一切綱常的宇宙。

你與此綱常和平共存，而非與之對抗。

冥思使自我與此天理綱常融合爲一。

在冥思中將「我」從自己的世界中釋放出，而與廣闊無邊、永恆的宇宙融爲一體。

當你的自我與這三個世界融合為一，你才能生死平和。

無欲無冀的冥思，在無求中希盼，直至一切水到渠成，自然生成。

每天冥思一小時，不要學別人的冥思方式。因為冥思是個人的體驗，這是一條用自己的方式走入自己的道路。沒有所謂正確的或是錯誤的冥思。

冥思中，放鬆自己三要素：正確的姿勢、正確的呼吸及正確的思考。直至，在「無思」中丟失自己為止。

正確的姿勢：坐下、頭放鬆垂下、背挺直、閉上眼睛。

身體的中間、肚臍以下輕吸一口氣，再長長吐氣。放鬆自己，想像：「我全然安靜、放鬆，丟棄所有，收納所有。」

正襟危坐、左腳置於右腿上、雙腿盤成半蓮花座。

左手置右手上，放在懷中，雙手拇指尖輕輕揉擦，手肘自然垂放身體兩側。

背柱挺直、輕微伸展。

讓思緒如流水將你淹沒，直到你無思無欲。

如何冥思並不重要，冥思沒有特別的規定，只有：每天要冥思，直到冥思成為生命，毋需練習冥思為止。

法則五　　自己做決定

意念是所作所爲的濫觴。再好的想法，不能實現它，也是枉然。決定也是一樣。

自己不做決定，旁人就替你做決定。

每一個正確的決定都需要前置作業和後序作業。在前置作業時，你要爲下列七個問題找出答案：

◆ 優點爲何？

◆ 缺點爲何？

◆ 對別人有什麼助益？

◆ 對自己有什麼助益？

◆ 你具備將決定付諸實現的能力嗎？

◆ 若你尚未具備此能力，要如何獲得決策力？還是決定的結果，不值得你費力？

◆ 會有多大的風險？值得去努力嗎？今天的風險或許到了明天轉爲優勢。

用你的心智檢驗決定後，再以感覺檢驗。用感覺檢驗後，再用

直覺檢驗一次。然後再考量，此決定是否符合你的生活規畫及生活模式。

當你用心智、感覺、直覺、計畫及標準考量後，下決定毫不遲疑。

你為自己做決定，不是為他人。你自己做決定，不要由他人替你做決定。

若下錯決定，立刻修正毫不遲疑。拒絕接受更好的知識，一錯再錯，不如及早認清錯誤。

下決定就不要猶疑。堅持自己的決定，專心地實現你的決定。

三思而下決定。一旦決定，不再懷疑，充滿自信心。

果決明確，而非三心二意。

沒有決定不如作錯的決定，因爲你可以從錯誤中學習。若你怯於決定，你是在訓練自己逃避決定。

下決定，你就要爲此負責。不要找藉口、怪罪他人或是妥協。決定只有正確或錯誤的決定。

評估決定的價值只看其後果。唯有結果符合原先計畫的目標時，才是正確的決定。你自己設定目標，而不是靠別人。

只有你自己決定，何時是下決定的最佳時候。

正確的時刻是：你已具備一切你應具備的知識，並且充份地自信，將決定成功地付諸實現。

你不是因為焦急、害怕或受他人催促而作決定。寧願捨棄，也不要受人壓迫或威脅。

決定是生命權謀遊戲之關鍵。為了影響你的對手，在他決定之前，你要先下手為強，替他決定。他人要操控你，在你還來不及思考後果之前，他們就逼你做決定。

做決定前，你考量的標準是：**你自己知道，你自己的需求。**

法則六　　能量的集中

在宇宙中，能量決定萬物的運行及你的生命。你吸收能量，就會賦予你心想事成的力量。

你以呼吸來集中能量。吸氣時，能量湧進你身體的中心並匯集一起。吐氣時，能量完全擴展，如果你不吸回能量。

若你以思考及想像力集結能量的洪流，你能運送能量至你的需要之處。

遵循專注的原則，就是集中能量。專注的意義是：將想法和感情及能量運行到你當下的所作所為。專注並非與生俱來，而來自於每天練習專注，直到你操控專注自如。

收集能量，你即可揮灑能量。保留能量不用，非但無益，反而有害，正如所有受你壓抑的事物也有害一樣。

收集能量而達到目標後，放鬆自己。因為能量集中也適用於緊張及放鬆的定律。

法則七　　設立具體的計畫

爲你所要達成的每件事，設立具體的目標，計畫具體的實現步驟，依計畫一步步達成目標邁進。

用以下六點可評估成果：

◆ 你的目標及想法有多具體？

◆ 你如何評估自己及可能阻擋計畫的障礙？

◆ 你有足夠完善的計畫克服障礙嗎？

◆ 你有堅強的能力及精力灌注於行動中嗎？

◆ 你有完備的策略使你的力量適時適地發揮嗎？

◆ 你有堅定的信心，可以消除所有的疑慮嗎？

計畫志向的意義是，確立目標，及認清達成目標的步驟。

偉大的目標是按部就班、持之以恆的完成。

急躁是執行計畫的大敵。

任何計畫不會比計畫中的目標重要。計畫本身只是規範執行的步驟，使你循序漸進。每踏出的一步都是學習的機會，以改善下一步。

寧可改變計畫，也不要踏錯步伐，迷失目標。

寧可冒險，也不要墨守計劃。成功需要創造力，而創造力需要自由的思想，以及勇於冒險的精神。

計畫的四項最重要前提：

◆ 盡量了解所有與計畫有關的事物。

◆ 盡量預想你不知道的事。

◆ 正確地分配你的力量。

◆ 嚴謹地籌備必備的條件，正確地評估後果。

計畫靈活的負面是僵化的計畫。靈活的計畫幫助你依當下的情況去行動。總而言之，成果的好壞才是關鍵，並非計畫的優劣。

無法達成目標的計畫就是錯誤的計畫，即便計畫制定得再好。

計畫指引你方向，創造力教你克服突發狀況。

法則八　訓練攻擊和防禦的技巧

追求自由，就有敵人。如果你所作所為不符合別人的期望，別人就會攻擊你。

你毋需攻擊，因為你不需要藉攻擊他人，來證明自己的能力。

你毋需為了戰勝而防禦，而是為了保護你的自由而防禦。若有人侵犯你的自由，轉移攻擊點，直到他落空不中，癱瘓攻勢為止。

若有人傷害你的感情、你的傲氣及尊嚴，你不為所動。當你不死守你的傲氣及尊嚴，無人能傷害你。

因為你瀟灑地放棄一切，所以他人的勒索攻擊無法得逞。若你貪戀安全感，就是致命的弱點。

當你的人身受到攻擊時，在他傷害你之前，不要傷害他。你要利用優勢，他受攻擊心的唆使，而你的心不為所動。

當攻擊威脅到你的生命時，在敵人未消滅你之前，先下手為強。

當敵人突襲你時，只好投降。趁他得意忘形之際，出奇不意地反擊。

防禦不要有所顧慮。你不該忍受第二次攻擊。

若有人為了維護權威而攻擊你，你將他從群眾中引開。在群眾中才有安全感的人，一旦孤立就無所適從了。

被擊敗，也不要喪氣。因為你絕不能懷疑自己，認清錯誤，從錯誤中學習。

權謀遊戲日以繼夜進行，因此，你必須從早到晚保持警覺並且明白：在這場遊戲中人人皆是敵人，因為每個人先顧及自己的利益，不管是否對他人有利。最重要的不是如何保護自己，而是你

隨時隨地要備戰。

當對手詆毀你，別記恨，你不爲所動，因爲你的「自我」沒有形式的。沒有形式的「自我」，也就沒有所謂的「驕傲、榮耀、忠實、阻礙、顧忌……」等等的框架。

不再拘泥於形式，可免於受攻擊的傷害。當你緊緊依附你的「自我」，你是容易受傷的。若你解脫了「自我」，你能靈活閃避攻擊。

你心中的力量是最堅強的堡壘。

不論攻擊或防禦，要集中精神。不要遲疑，而給對手時間準備。聲東擊西，假裝戰敗，同時予以反擊。

爲了防禦任何攻擊，訓練防禦如下：
　◆　思想果決。

◆ 感情自由。

◆ 鍛鍊你的拳頭和腳力予以出擊。

◆ 靈活的身體，繞著你的對手轉，讓他不知道你何時反擊、
從他身上何處下手。

若你既不果決又沒準備好，不惜一切代價保護你的自由，寧可在對手出手前，投降求饒吧！投降並不表示被擊敗，你保留決定的自主權。臥薪嘗膽，趁敵人低估你的實力之時再反攻。

若你已投降又不利用時機反攻，等於自己放棄，你必須自問：「我生命的意義究竟是什麼？」

不論用語言或是身體反擊，兩者始於「果斷的思考」。

若你的攻擊不夠果決，等於鼓勵對手再做第二次的攻擊。

語言的攻擊有七種方法，依情況而定：

◆ 沉默、冷靜聆聽，攻擊不會擊中你，因為你沒有反應。

◆ 你用問題誤導攻擊，如此一來，讓敵人回答問題以滿足他
的攻擊性。

◆ 當敵人生氣時，你要快樂。

◆ 策略性肯定對手以轉移攻擊：「是沒錯啦！但是…」不要
畫地自限。

◆ 技巧性避開對手會攻擊你的話題。

◆ 堅持你的立場，使對手自行決定他的進退。

◆ 諂媚地誇讚敵人，讓他自以為是勝利者，而找不到理由攻
擊你。

在權謀遊戲中，攻和守是一體的：

◆ 自強且自知，就是堅強的防禦力。

◆ 有堅定的信念要保護你的自由和幸福，就不會遲疑。

◆ 知己知彼，自然知道，該迎戰或閃躲。

法則九　　可欺敵，但不可騙自己

在生命的權謀遊戲中，人人皆是敵人，包括你自己。你可欺敵，但不可欺騙自己。

在這場遊戲中，你與自己的弱點對抗、與所有「將快樂建築在你的痛苦上」而戰。

看出你弱點的人，會利用你的弱點。當你處於弱勢的時候，要藏拙，直到堅實自己的實力才重新復出。強者要假裝自己很弱，寧可讓對手低估你，也別高估自己。

五個欺敵的法則：

◆ 你對敵人的一切瞭如指掌，但只讓你的敵人知道你願意讓他知道的部份。

◆ 當你不想讓他見到你哭泣，你就應該笑。

◆ 聲東擊西。

◆ 說些無關緊要的話題，以轉移重點。

◆ 若你想了解你的對手，先說些他想聽的話。

在權謀遊戲中，你獨自奮戰，你只能相信自己。如此一來，才不會被敵人欺矇。今天的朋友可能是明天的敵人。

要在權謀遊戲中欺敵，兩項重要的先決條件：
- ◆ 知己。
- ◆ 知彼。

八項欺敵法則：
- ◆ 不要表白自己，而讓敵人表白。
- ◆ 唯有在對自己有利無害的情況下，才表現自己的感情。
- ◆ 即使你明知某事，仍然故意問你的對手，讓對手教導你，千萬別教導他。
- ◆ 除非對自己有利，否則不要堅持己見，畫地自限。凡事三思而決，有益無害。
- ◆ 慢慢來，不理睬別人的催促。
- ◆ 不允諾，別人就不能質問你。
- ◆ 不要洩漏秘密，別人便不能要脅你。
- ◆ 趁敵人之虛而突擊，如此無人能算計你。

你沒有義務對他人解釋,你行為的動機。

你有自己的眞理,所以當言行不一時,並不代表你在說謊。既然不是謊言,就不必有罪惡感。

只有自己自由又堅強時,你才有欺騙的能力。淨心才能堅強。你脫離害怕、顧忌、仇恨、愛、驕傲、虛榮。隨時可捨棄你依賴的事物。

不要去信守對你害多於益的承諾。

你不一定要說實話,只因別人希望你說實話。你有自己的眞理,只對自己負責。

若你被對手欺騙,要記取教訓。若對手被你欺騙,不要洋洋得意,自己心知肚明就好。

切記，欺騙只是權謀遊戲中的策略，並不能解決問題。

法則十　　解決問題的技巧

要如何活得自由又快樂，端看你如何搬移快樂和自由的障礙。

解決問題必先認清問題。認清問題有三階段：

◆ 認清後果。

◆ 認清關聯性。

◆ 認清原因。

兩種處理問題的方法：

◆ 認清後果，想辦法忘掉問題。但實際上並沒有解決問題。

◆ 認清後果、關聯性及原因。找出更好的代替方案。

你已找出問題所在，要解決問題，要運用三種能力：

◆ 你自己和別人的經驗。

◆ 你自己的直覺。

◆ 你的創造力和想像力。

只要你不屈不撓地去尋找答案，提出正確的問題，洞悉所有的

問題。

爲了尋找問題的癥結，你要提出最重要的問題是：「爲什麼？」

如果你說：「我辦不到」，就無法解決任何問題。說出「我做不到」表示，你對自己的懷疑大過自信心。你必須先加強自信心。

若你一時間無法解決問題，勿操之過急，試著找出關聯性。只有找出關聯性才可找出癥結。

只要你適時行事，耐心等待時機，每一個問題都有其解決之道。

壓抑問題而不解決，會形成病因。所有在潛意識中被壓抑的問題，只會削弱你的自信，加遽你的恐懼。恐懼無法解決問題，只會使問題變本加厲。

越壓抑問題，你要付出越多的精力去隱藏問題。

你每壓抑一個問題，就是提高對自己的攻擊性，藉以懲罰自己的無能。即使你把苗頭對準別人也於事無補，每一個對別人的攻擊其實是反射出，你要攻擊自己。

解決問題的技巧是正視問題，而不是逃避問題。

>>練習篇。

鍛鍊你的心智,再鍛鍊你的身體。
經此訓練,身心協調一致,
身體貫徹潛意識下的思考。

以「自我教育」替代「他人教育」

「練習篇」，挑選出聰明的自私鬼早已熟知的建議。他們在日常生活中實踐個人生活的想法。首先，先了解下列三項：

◆過自己想過的生活，必須以「自我教育」取代「他人教育」。無法下此決心者，就沒有機會成為自私自利者。

◆以威脅和害怕為手段的「他人教育」，導致反抗心理；「自我教育」的基礎在於敏銳地感受「自我」，並深信：「無論今日遭遇任何困難，我會克服它。如果今天無法克服它，那麼總有一天，只待時機成熟。」

◆過自己想過的生活是可以學習的，但是必須耐心地練習，直到所有的目標自然而然地應運而生。練習之大敵是「急躁」。

在自私鬼的練習中，毋需向別人證明自己，解脫外在的壓力，自然而然就可以一步步地建立自信心。

正因「他人教育」完全違反這個原則，更顯示出這項認知的重要。教育者不斷貶低學生來提高自己的地位，否則，他便失去權威，甚至變成可有可無。

下列這段生動的附註，雖未納入本書中，但對某些有心的讀者可能有所啟發。

「你為生命設了明確的目標，並且朝此努力，你用建造金字塔的精神來經營生命。每天正如所搬運的石頭，一塊塊往上堆積。你每做一個決定前，先想想金字塔的形狀，你所搬運的每一塊石頭都

使你的人格更完整。你很清楚,你在做什麼,這賦予你力量克服生命中的絆腳石。」

　　最後,再附上很有意思的認知:「若你每天都是別人給你什麼,你就反應什麼,你是為別人蓋金字塔,被別人利用自己的能力。有朝一日,你自問:自己生命的意義何在?你非得說:『我為別人而活,從不是為自己而活。』」

法則一　訓練生活的策略

不斷訓練自己去做所有你想做的事，直到有一天，事情應運而生。

在潛意識裡設定你的想法，直到你不需思考，它自然而然從天而降。

首先，訓練你的心智，再訓練你的身體。經此訓練，你的心智和身體融爲一體。你的身體能執行潛意識裡的思想。

訓練最大的阻礙是疑慮和急躁。若你不相信自己能達到目標，當然不可能達成目標；即使勉強達成，身心也並非和諧一致。

意志並不能使你達到目標，而是思想的力量。

若你已達到目標，讓成功在心中發酵。不要想明天會怎麼樣，通往成功的路上兢兢業業。成功後放鬆自己，注入新的活力。

訓練生活的策略，建立在以能力及學習步驟的結合為基礎。生活的七項能力為：

◆ 你很明白：你是誰、你的立足點、你的需求、以及事情如何演變成今日的局面。

◆ 對自己想達成的具體目標，一旦下定決心，絕不妥協。

◆ 擬訂達成目標之計畫。

◆ 探討達成目標之障礙，並找出原因。

◆ 採用可以克服障礙、達成目標的技巧。

◆ 有技巧地訓練你的能力，一步一腳印，直到衝破阻擋目標之層層障礙為止。

◆ 控制你的思考及行為，從失敗及成功中學習。

五個訓練能力的學習步驟為：

◆ 收集資訊。

◆ 了解事物的關聯性。

◆ 認同自己與目標為一體，相信自己能達到目標。

◆ 鍛鍊自己的本事，不猶疑，不急躁。

◆ 監控每一道訓練之程序。

若你在訓練中說：「我辦不到」，在訓練沒開始之前，就已結束訓練了。無論是誰、無論是哪種能力，都需要學習或是接受充分的訓練。

如果你在訓練中說：「好難」。這個訓練就眞的很難。因爲在你的潛意識裡已設定先入爲主的觀念。

如果你在訓練中敗北，你說：「我眞倒楣」。你是在爲你的行爲逃避責任。

法則二　晨光儀式

生命的四大支柱：

◆ **計畫**：計畫你下半生的生活。

◆ **每一天**：計畫每一天，因爲你的整個人生由每一天總合而成。

◆ **能力**：每一時刻決定的能力，依自我、自己的想法及計畫去做決定。

◆ **行動的能力**：自己決定行動的能力。

每一天是你的生命，所以每天要訓練生活，你如何生活，如何依自己的想法去評價生活。

精神上主動地覺醒：

◆ 依計畫時間起床。

◆ 每日，在潛意識裡輸入和諧與能量的程式。程式是：「不管今天發生什麼事，我都能自由又開心。」

◆ 然後想像，你的心智和身體中充滿了宇宙的能量。這些能量充實你的能力，以應付每日的挑戰。

身體上主動地覺醒：

◆ 每一項動作做一百次。

◆ 握緊再張開拳頭，鍛鍊肌肉，促進血液循環。

◆ 躺下做「騎自行車」的動作，再次促進血液循環。

◆ 頭部先左轉再右轉，向前再向後。

◆ 彎腰，身體左右擺動，指尖摸觸腳尖。

◆ 雙臂旋轉。

◆ 膝蓋微彎擺動，可保持關節靈活。

◆ 上身左右旋轉，臀部不動。

◆ 伏地挺身，繃緊脊椎。

◆ 在沙灘上跳躍。

◆ 金雞獨立。練習身體的平衡，而精神也保持平衡。

你的精神和身體為每天的生活準備充分，也是為每日的權謀遊戲作充分的準備。就像優秀的足球選手，沒有完成賽前的熱身，就不下場比賽一樣。

法則三　　每天撥出一些時間獨處

永不止息地了解自我和決定生命有關的事物。

◆　每天撥出一點時間，坦誠地和自己對話，以了解自己。

◆　每天練習保持平靜，使自己與環境和平相處。

◆　冥思，以成為宇宙綱常中之一部份。

每天的生活符合橡皮筋原理，時而緊張，時而放鬆。

◆　對外的生命是拉開橡皮筋，堅持自己。

◆　鬆開橡皮筋，回到內心世界。

每天至少有十五分鐘的時間遺世獨處，返回內心世界。

遺世獨處是你自我探索的時間。若你無法自我探索，就無法實現真正的自己。

活著，自然就加入權謀遊戲。當別人比你強時，你失去自我，依附於別人。你意識到自己的力量並運用它，就不再受制於人。

爲了參與權謀遊戲，千萬別停止了解自己、訓練自己的能力。在遺世獨處時，收集自己所需的知識和能力，以便在權謀遊戲中致勝，並獲得自由。

在這遺世獨處的時光中除了自己，心無旁鶩。全神貫注聆聽自己內心的聲音，不再聽命於人。

在遺世獨處的寧靜時光，通過外在世界之門，進入你的內心世界，萬事不得干擾你。

在你的內心世界裡，外在世界的感動不再重要。

閉上眼睛，放鬆身體，作五次深呼吸，感覺你的內心世界。在這其中，除了自己，不需他人。

無論你在外在世界遭逢任何困難，你知道，你隨時可以回到內心世界裡，在這裡你完全自由。

光知道遺世獨處的時光能通往你內心世界之路是不夠的。如果不真正邁步上路，知道又何益。

你才剛上路就卻步不前，雖然你又累積一點經驗，但你不會達到目標。

過程就是達成目標。唯有你對自己的自信堅強到任何疑豫或失敗都不能阻礙你前進，你才能達到目標。

每天遺世獨處的時光，都是使你堅定自信的一小步。

通往你內心世界的路上，你無法問別人什麼是對或錯的。只要踏出步伐就是正確，即使這一步看來是錯誤的。

在生命中只能抉擇兩個方向：繼續遠離自己或回歸自我。現代，真正的進步是回歸自我。

若你逃避自我，永遠尋找不著自我。你尋找自我，就會找到自我。所以，生命中真正的探險是找尋自我，找尋自我是生命中真正的冒險。

逃避自我，是你按照別人的指引而走。找尋自我，自己決定自我的道路。

逃避自我，是將希望寄託於別人會實現他的諾言。回歸自我的路，只能自立自強。

在遺世獨處的時光中，你決定這段時光的內容：要逃離每天的繁忙，在遺世獨處中匯集新的力量，並放鬆自己。想冥思就冥思。要尋找解決問題之道，當你排除一切阻礙創造力的障礙，問題即迎刃而解。

技巧是：何時何地是你遺世獨處的時刻，端看你如何在下意識中設定你的計畫及觀念。

自 · 私 · 箴 · 言

>>藝術篇。

掌握了生活技巧，你會成功又快樂；
如果你能掌握生活的藝術，
那麼你有多成功便不再重要了。

自私鬼的生活藝術

「藝術篇」的座右銘如下：「按照你的想法去過日子，是生活的技巧；讓每天過得自由快樂，則是生活的藝術。」

簡單地說，生活藝術的意義是「自覺自主的自私自利」，是個人的任務，聰明人或幹部也無法代你完成。他們不能決定甚麼是藝術、甚麼是文化。生活的藝術不在於你為他人創造了什麼，而是自我的修行。

藝術之極致是，讓笨蛋建設自己，以自私鬼的觀點來看，這是生活的藝術。每個人都能學會這種藝術，只要他不是為了苟且偷生的生活，而是為自己的需求而活，超越自我而活。

重要的是，一切都能幫你建設自我。懂得生活藝術的人，不需要為了贏得他人的尊敬而營造自我，只要自己尊敬自己便已足夠。

或許有些讀者會認為，這些生活藝術的規則未免太自以為是了吧！不過，這些規則可都是符合了自私的哲學呢，如果真有自私的哲學的話。

顯然這些觀念和東方藝術的觀點甚為相近。比如「劍的藝術」及許多與結合禪宗冥想相關的能力──射箭、水墨畫、茶道……

將各行各業的名人們，在他們的成長階段中訓練自己自由快樂的心得，收錄而成「自私鬼的聖經」的藝術。

他們都同意，專心一致的意義是：其中任何一項藝術就能使每一個人達成理想。

法則一　成為「自由人」的藝術

日復一日地過日子，是生活的技巧；讓每天過得自由快樂，是生活的藝術。

不光只有掌握生活的技巧，而讓生活成為藝術，完全操之在己。在生活的技巧中，你只能實現你的目標，但在生活的藝術中，你能得到的，遠超過於你祈求的。前提是：你要對自己有信心。

在生活的技巧中，你受限於生活的定律；但在生活的藝術中，你須解放自己，以發展真實的自己。在生活的技巧中，你只是芸芸眾生當中的一粒沙子，但在生活的藝術裡，你是獨一無二的個體。

如果你可以掌握生活的技巧，你就會成功又快樂；如果你可以掌握生活的藝術，那麼成功與否便不重要了。

「讓自己自由」的藝術在於做自己，忠於自己，而不是使自己成

爲他人理想中的自己。

如果你不認識自己，不了解自己生活的意義，也不明白你的幸福在哪裡，那你就不可能自由。他人教育我們成爲順從別人的乖乖牌。如果你是自由之人，你便無須活在這種框架中，擔心逾越框架而受到懲罰。

笨蛋是自己找框架並畫地自限！聰明人仰仗的是，讓笨蛋按照你的模式生活。

笨蛋害怕跳脫框架生活；聰明人則是害怕別人不聽你的指揮。

一旦感到恐懼，你就無法獲得自由。能夠隨著自己的節奏婆娑起舞，不需別人的掌聲及肯定，就是眞正自由了。

你要隨著自己的旋律盡情揮灑，不壓迫自我天生的性格，以套入他人的模式，眞正爲自己而活。因爲自由是生活藝術，發揮創

意是自由。

思考別人不敢想的事，你能找出別人想不到的方法。因為別人只會按照制式化的模式去思考。你要嘗試去作他人認為不可能的事。

他人無法給你自由。你的自由存乎一心。當你想到並且相信，天下沒有甚麼是不可能的，是自由的開始。

當你能駕馭做自由人的藝術，你已有了目的，毋需擔憂是否能達到目的。因為自由自在，過程即是目標。但是，你必須勇往直前，永不退縮。

你的目標是，你為今天所訂立的目標。走自己的路，每踏出新的一步會發現新目標。這是自由——不受某一特定目標羈絆的自由。

活在自己的自由裡，你是獨一無二的個體，所以你不會害怕寂寞。當你秉持著堅定的信念走自己的路，你就再也不需要他人的讚美。當你愛自己，你也就不再需要他人的愛，那種讓你無法掌握、不安的愛。

對他人或是某事忠誠不渝，便任人宰割。你只需對自己忠誠，毋需對任何人負責。

生活是沒有保障的。在權謀遊戲中只有沒有自信心的人，才需要安全保障。

自由絕非偶然。你在思考中訓練自己成為自由之人。若你此時此刻已是自由之身，就不要想「那明天呢？」你的思想已是自由的，你何時何地都是自由的。

自由與控制思考的能力一同成長。思考設定潛意識，對此要有警覺性，從早到晚你的思想程式是：「不論今天發生了什麼事，

我是自由又快樂的！」

自由已與你的精神同在，即使他人束縛你，你依然能以想像力
保持自由的內心世界。這就是成爲一位自由人的藝術。

法則二　　不戰而勝的藝術

生活中有三條成功之道：

◆ 戰鬥，擊敗對手。

◆ 為他人的勝利歡呼，忘記自己是失敗者。

◆ 不戰而勝。

如果一直「利用他人的劣勢而獲勝」，表示你仍然活在被別人戰勝的恐懼中。

無懼的勝利者，才是真正的勝利者。

你有自己的生活標準，毋需戰勝別人來證明自己。因為你的目標明確。全力以赴獲得的成果即是勝利，即使在他人眼中你是失敗的。對你而言，失敗根本不存在，因為你可從失敗中習取經驗及教訓，並以此為借鏡，以贏得下回合的勝利。

不需以獲勝向別人證明自己有多棒，只要自己明白就好了。

權謀遊戲之道，並非比他人強，而是盡力而爲作自己。若輸掉了這場遊戲，從失敗中記取教訓，並不是懷疑自己或爲自己找藉口，才是戰勝自己。

唯有跳脫框架，才能眞正的戰勝自己。若爲了自己的驕傲、威望、或是面子戰鬥，戰火才點燃，你就已經被打敗了。因爲你覺得框架比自由重要。

戰鬥是權謀遊戲的策略，聰明人利用笨蛋爲他而戰，從中圖利。智者不敗，因爲他們從不爲某事或某人而戰，也不爲反抗某事或某人而戰。

攻擊性的來源是想以戰鬥征服別人的欲望。但攻擊他人等於攻擊自己。

攻擊別人的原因是無能解決自己的問題。不能對自己證明自己的人，才會以攻擊他人來證明自己。

和自己和平相處，以自己的力量解決自己的問題；不要以貶低別人來提高自己的價值。這是不戰而勝的藝術。

法則三 觀察和傾聽的藝術

觀察和傾聽的藝術在於：你所觀察到的比眼睛所見的還多、你所傾聽到的比耳朵所聽到的還多。感覺隱藏不見的那一面。

不要只看見旁人展現在你面前的一面，而是設法看見旁人蒙蔽你的那一面。

如果你只接受你想看的與你想聽的，你是自限於框架中，不得自由。

當你只看到事物的一面，試著去找尋它的全貌。若你看見很多片段，試著去拼湊全貌。不拘泥於小細節，才能認識到事物全貌。

眼所見、耳所聞，只是你片刻的印象，找尋意義才能得知全貌。唯有透過直覺的領會才能獲得真諦。

當你所見所聞與自己想法牴觸，在未看清其眞義之前，不可封閉自己。生命中事物皆有其用義，包括看起來毫無意義的事，覺得無意義只是因爲你還尙未認淸它而已。

當你看到錢幣的一面時，將它翻到另一面，看看另一面。然後，你才能說「我已經見過全貌了」。

當你聽不見，並不意味你的直覺感受不到。閉上雙眼、沉浸在自己的幻想世界裡，所見的多於你睜開雙眼時所見。

你的所見所聞並非都是原貌與眞相。世上萬物均是倒影，反映出你如何描繪事物，由你來賦予其意義。今天有意義之事，到了明天或許不再有意義。萬物瞬息萬變，你的生活也是瞬息萬變。心中平和便能廣納萬物。

所以觀察和傾聽的藝術，是體驗當下的生命、不想未來如何。今天是今天的生命，明天是明天的生命。

接受你所見所聞，不要去評斷它。用你的直覺去評價，直覺的
評斷才能使事物保留原來的價值。將所見所聞保持原貌，不要用
你想要的模式硬套在原貌上，因為所有限於模式中的事物，都會
失去原貌及原本的價值。

保留事物原本的價值，會使你所見所聞更豐富。這就是觀察及
傾聽的藝術。

法則四　表達的藝術

表達的藝術正如所有的藝術一樣，需要心靈自由、自然心和不懈怠的練習。

表達的藝術不只是講話或是沉默，而是操控遊戲的策略之一。表達的藝術也就是一種突破形式、引發自由的創造力的能力。

如果你只告訴他人想知道的，那你就是在玩操控權謀的遊戲，而不是藝術。表達的藝術是去看清別人看不見的，告訴他，讓他人也一樣能看清。

如果你告訴別人某件事，而他們依然不了解，可能有三個原因是：

◆ 他們根本不想去了解。

◆ 他們不能了解，因為他們相信另一個事實。

◆ 或者是你根本沒有顧及，別人是否能了解。

表達的藝術並不在於你所表達的是否有人接受，而是舒發心中

抑止不下的感受。

想要別人了解你，學會這種表達藝術之前，要先掌握技巧。

說和寫是表達藝術的技巧，有以下三個原則：

◆ 秩序原則。

◆ 造形原則。

◆ 原像原則。

每一次的表達都有其內心結構及戲劇導演的過程。內心結構有下列五階段：

◆ **感同身受**：接受表達的對象必須在思考及感情上產生共鳴。

◆ **認同**：接受者必須分辨，這些訊息程度的關係，對他有益或有害的程度有多大。

◆ **深入了解**：接受者將訊息匯入思考中，並用自己的方式去詮釋。

◆ **作出決定**：你站在自己的角度，以表達者的立場面對接受

者，他會被要求自己做出決定。

◆ **改過自新領悟**：傾聽者因爲聽到這段話而獲益，並用自己
的方式改過自新，而有自己的領悟方式。

造形原則與表演方式及風格的規則有關，表演的方法是：

◆ 回答下列六個問題：誰、什麼、何時、何地、如何以及爲
何？

◆ 描述——將語言圖像化。

◆ 舉例——使得表達清晰有理。

◆ 趣味橫生——生活當中的每件事並非只有嚴肅的一面。

◆ 對照——透過比較，才能獲得更理想、清晰的全貌。

◆ 有目的地的挑釁以激發——想像力。

◆ 有目的地的諂媚——引起別人的注意。因爲每個人都最愛
自己，會感激他人的讚美。

◆ 引用箴言經典——激發自己的思考力。

◆ 對話——從別人的意見當中建立自己的意見。

◆ 表白——使他人有所遵循。

◆ 疑問——爲了尋找自己的答案。

◆ 感性——因爲感情往往比思考來得強烈。

◆ 客觀一點——光靠感覺太主觀。

◆ 重複——提醒說話的重點。

◆ 保持距離——顯示不同的意見，但他人的意見仍可採用。

◆ 否認——用以表示，樂於修正自己的意見。

風格之規則：

◆ 每一句都是清晰、簡單、易懂。

◆ 每段落都是自成一戲劇單元。

◆ 個人主張必須使人信服，並且有所依據。千萬別說一些你無法證明的事。

◆ 話語本身不會引人入勝、高潮迭起。將觀察及認知以戲劇導演的手法表現出來。

◆ 語言、圖畫勝過文字；激起感情的效果勝過任何邏輯闡述。

◆ 表達意見要下結論。

◆ 噱頭及驚喜是描述中不可或缺的，才能不斷引起大眾的注意力。

◆ 風格之優美在於接收者的回應，而不在你自己的喜好。

◆ 不論要表達什麼，只有一種方式是最好的表達方式。陳述

中用字越繁複，即是離題越遠。

有八種提問題的方式，可以幫助你按自己的想法，把談話的內容依你的意思發展：

◆ 知識性地提問題。

◆ 技巧性地提問題。你已經知道答案，但還是提出問題來測試。

◆ 諂媚地提問題。

◆ 挑釁地提問題。

◆ 以面部表情提問題。面部表情所透漏的訊息勝過語言。

◆ 隱藏性的質疑問題。對第一個問題所得到的答案並不滿意。

◆ 提出反問，以爭取時間來回答。

◆ 重複提問題，爲求確定或測驗答案是否正確。

每一次的談話都是表達技巧的展現，提問題的藝術也是如此，你用自己的遊戲規則玩權謀遊戲。

說服力的準則是權謀遊戲的技巧之一：

◆ 同意他人的觀點，直到對手同意你的觀點為止。

◆ 向對手推銷對自己有利的技巧是，讓對手相信，他也可以分一杯羹。

◆ 讓你的對手表達自己，以贏得他的信任。如此，他才會相信你所說。

◆ 當你無法說服某人時，表示你尚未說服自己，或是時間、地點不適合，或你的對手比你更能善於掌握權謀遊戲的藝術，那麼你需加強自己的能力，直到你能反敗為勝為止。這就是表達的藝術。

法則五　隨著生命律動生活的藝術

讓自己和生活融合為一，是隨著生命的律動生活。你既不能發明新的律動，也不能改變原有的律動。白天仍是白天，黑夜仍是黑夜。吸氣後才能吐氣，只有這樣才能維持生命，你只能如此生活。

隨著自然的律動生活，非逆向而活。順其自然，就贏得力量；反抗自然，是白費力氣。

利用每日寧靜遺世獨處的時間，或是冥思來訓練你生命的律動。在寧靜遺世獨處中，你可以聆聽到內在自我的節奏，在冥思中使你脫離別人教授你的生活規律，而尋找自己的生活律動。

若不每日找尋自我，就沒有自我。找到自我，就找到生活的律動。感受到自己生活的律動，便是找到自我。

「隨著生命的律動」生活的藝術是，攜手與他人共舞。

「隨著生命的律動」生活的意義是，順應生命裡的一切起舞。如果是自由之曲，就隨著自由起舞；若是痛苦之曲，就舞一首悲愴曲。若是死亡之歌，也就是你生命輓歌，曲終人散了。

你若注意你的呼吸，你就能感覺到你生命的律動。這就是「隨著生命律動的生活」的藝術。

自 私 箴 言

>>方法篇。

在幸運中成長，苦難也讓你成長。
不經苦難的洗禮，不能獲得真正的幸福。
你在依賴他人中找尋自由，並因而成熟。
你永不停止在順境中學到逆境的哲理，
在逆境中學到順境的哲理。

立即行動的人，是智者也

從本書以上章節中得知，健康的自私主義，其自由力量的威力在於，滿足生命的自然需求，專注於自己的抉擇。

一旦做了決定，配合自然的律動、依尋自己的標準生活，每天訓練堅強自立。如此一來，生命中所有的問題都會迎刃而解。

不光只知道答案，而是以行動執行答案的人，才算是聰明人。努力不是評斷的標準，而是努力的成果。

所以，世襲成功的觀念看已不再重要。對於自私鬼而言──這些人一再地被叫自私鬼──真正的成功是，每天竭盡所能，睡前對自己說：「今天我真快樂！」以此推知，有可能，從失敗中擷取教訓的失敗比真正的勝利更快樂。

關鍵是，耐心、有毅力地，一步步朝著目標邁進，意義在於：「過程就是目標」。

和其他篇章一樣，「方法篇」所提出的三項建議，只是從許多可行的方法擷取出來的知識。

有心的讀者或許可依自己喜好，補充自己的想法及經驗。判斷讀者是聰明人或是笨蛋，全看吸收了這本書之後，他是否能過得自由又快樂。

法則一　尋求必要中的「最好」

在建造人生的金字塔時，你需要廣大的地基，才能一階又一階地累積達到金字塔的頂端。

先求「量」再求「質」。先能掌握生活的工具，才能將生活藝術化。先苦才能後甘。

當你與自我及方法能融合一致，你會採用必要中的「最好的」的原則。

先了解自己自由又幸福的標準是什麼，才能了解什麼是不可或缺。你認清，捨棄阻礙自由之物才能贏得自由。用自己的標準評斷當下一切，才會明白，什麼是對自己最有利的。

判斷所有事物的標準是，甚麼事物以及如何能讓每天的生活自由又幸福。

當你與自我及宇宙融為一體，一切的價值及秩序不求自來。

今天珍貴之事，或許明天即失去價值。所以生命是沒有保障的。今天所需要的事物，也許明天不再需要了。昨天最好的，或許今天一無是處。

新的一天需要新的生活策略。每天重新判斷，什麼是當下最好的。

能維持生活最佳狀態之事物即是必要之物。沒錢，就會為錢所困，而不得自由。為了買到必要中最好的事物，你需要錢。

身體最需要的，是維持身體健康靈活的東西。給予必要中之「最好的」，以滿足心智、情感及需求。

沒有人能為你決定，什麼是此地此時對你最好的。

法則二　　儲備知識，以備不時之需

管理工作的成果，而毋需依賴他人，才是無拘無束。

工作的意義不在於工作本身，而在滿足自我需求。所以工作過多過少均不宜。

如果工作既不能滿足你的需求，也無助你獲得必要中之最好，那麼至少要能助你「修身」，否則這個工作不要也罷。

繃緊神經工作，管理工作之成果，使自己能放鬆神經，你才可能工作後逍遙自在，不去想工作。

管理成果意味：儲備知識，以應不時之需。

管理金錢也比照同理，將錢花在對今天必要中之最好的事物。別花錢在不必要的事物上，存錢以備日後之需。節省金錢即是賺錢。委託他人管理金錢，必預支付管理費。如果能省下這筆管理費，你就不用為他人操勞工作。

正當地管理金錢，不會入不敷出，就毋需受制於人，借貸付利息。

法則三　循序漸進的成長

任何事情有時間性、有其時機——你個性的成長也需要時間。
首先學習生活，然後再將所學應用在生活中。最後，享受你的成
果。

你在幸與不幸中成長。不經一番寒徹骨，哪得梅花撲鼻香。在
受制於人的過程中學到自由，得以成熟。不斷地從正面中學習到
負面，反之亦然。

成熟的時間是：從現在的「你」，變成你希望中的「你」所需
要的時間。

成熟的時間是：形成、成長與消逝的循環。你成長，就會成就
自我。當你消逝，也許又重新成長得到重生。忽略任何一階段，
即全盤盡輸，錯過成熟。若你眞正活過，當生命走到盡頭，你無
所遺失。

所作所爲需要時間去成熟。萬事不能強求。時機成熟了，自然

水到渠成，急躁是成熟最大的障礙。

宇宙綱常賦予生命，至於你如何成就自己的生命，完全操之在己。

過自己的生活

親愛的讀者

　　這本「自私鬼的聖經」不多不少正是你所需要實踐力行的。它只不過是張幫助你找尋你自己的時程表，並不敢說能保障你什麼，也不為你負責。它不是一本諄諄教誨的教科書，僅供參考。

　　所以，以此觀之，要成為一位自私鬼的最高藝術，未嘗不是為自己寫一本屬於自己的聖經。或許讀者會很感興趣，將這本最淺顯的「自私鬼的聖經」濃縮成一句話：「我已經決定，要按照我自己的需求及想法，經營我的下半輩子，再也不要受他人的左右了。」

　　我們的人生——不管我們是否真正活過，其實只看我們是否能為下面這句話找到答案，生而為人無法逃避這個問題。這個問題是：「我究竟要過我自己的生活，還是要在別人對我的期待中而活？」

　　在大都市裡，有些人滿足於按照別人的指示及戒律為依歸，而心滿意足地過一生，這種人大部份生活在大團體中，做那些該做和不該做的事來過生活。幾千年來，狡猾聰明人一直控制著笨蛋，笨蛋要如何如何，等等爾爾。而這些笨蛋也過得很快樂，因為他們自己完全不需要思考，並且隨時待命，甚至願意犧牲自己的生命來維護這種方式生活。

　　狡猾的聰明人告誡笨蛋，以社會大眾為優先，個人其

次。而聰明人早就知道，沒有什麼比自己的生活更重要的了。

　　細心的讀者不會忽視，以自己的力量贏得個人的快樂是自私鬼的中心思想。在這三種階級的社會中，基本法律很少保障個人自由的權力，卻以繁文縟節的條文來限制個人的自由。

　　看來，自希臘哲學家伊比鳩魯以降——在距今西元前270到314年間——就創立了伊比鳩魯學派，再也沒有人嚴肅地探討，以「追求個人的自由與快樂，是人類與生俱來的需求，追求生活的樂趣，是人類自然的需求」為宗旨的學說。

　　伊比鳩魯定理說：「生之樂，是快樂生活的開始，也是快樂生活的結束。生之樂，是所有抉擇與逃避之濫觴。心靈因為生之樂之悸動，而評價一切的價值。」

　　你應該也發現到了，在閱讀這本「自私鬼的聖經」中，不斷地問你一個問題：「你究竟屬於社會中哪一種階級的人？」不要自以為是，判定你階級屬項的標準並不全憑個人喜好，而是以你的思想和行為來將你歸類。

　　事實上，人人都是自私鬼。我們出生時就是獨一無二的個體，為了滿足我們那獨特的天資，在往後的生活中，我們也是竭力去豐富自己的生命。你們有沒有想過為什麼大自然賦予人類能力：去思考、去感受、去說謊、去仇恨、去防衛自己、去自愛、去相信一些事情。

　　你意下如何？願意讓這種能力在你的生活中被埋沒、被打壓、被禁止嗎？

匡邦文化

在閱讀與思考中創造未來

New Way19

自私鬼的聖經

作 者	約瑟夫·徐諾 Josef Kirschner
審 譯	竇維儀
譯 者	林映君、吳淑芬
總 編 輯	林淑真
主 編	廖淑鈴
編 輯	蔡凌雯
內 頁 編 輯	小題大作製作群
出 版 者	匡邦文化事業有限公司
聯 絡 地 址	116 台北市羅斯福路四段200號9樓之15
E－Mail	dragon.pc2001@msa.hinet.net
網 址	www.morning-star.com.tw
電 話	(02)29312270、(02)29312311
傳 真	(02)29306639
法 律 顧 問	甘龍強律師
出 版 日 期	2003年8月第1版第1次印行
總 經 銷	知己實業股份有限公司
郵 政 劃 撥	15060393
台 北 公 司	106台北市羅斯福路二段79號4樓之9
電 話	(02)23672044、(02)23672047
傳 真	(02)23635741
台 中 公 司	407台中市工業區30路1號
電 話	(04)23595819
傳 真	(04)23595493
定 價	180元

Die Egoisten Bibel-Anleitung furs Leben by Josef Kirschner
©1999 F.A. Herbig Verlagsbuchhandlung GmbH,Munchen

國家圖書館出版品預行編目資料

自私鬼的聖經 ／ 約瑟夫‧徐諾著.
林映君、吳淑芬、竇維儀譯. ─ 第一版.
─臺北市：匡邦文化，2003[民92]
面 ； 公分. ─(New way；19)
譯自:Die Egoisten Bibel

ISBN 957-455-487-2（平裝）
1. 生活指導

177.2　　　　　　　　　　　　　92011382

如何購買匡邦文化的書呢？

有你的支持，匡邦將更努力！
這裡提供你幾種購書的方式，
讓你能更簡單地擁有一本好書。

一、書店購買方式

全省的連鎖書店或地方書店均可購買得到我們的書，如果在書店
找不到時，請直接向店員詢問！

二、信用卡訂閱方式

你可以來電索取「信用卡訂購單」（專線 04-23595820 轉 232），
填妥「信用卡訂購單」傳真至 04-23597123 即可。

三、郵政劃撥方式

你也可以選擇到郵局劃撥，請務必在劃撥單背面的備註欄上註明
購買 書籍名稱、定價、數量及總金額。我們會在收到你的劃撥單
後，立即為你處理並寄書（若急於收到書，請先將劃撥收據傳真
給我們）。**劃撥戶名：知己實業股份有限公司　帳號：15060393**

四、現金購書方式

填妥訂購人的資料、購買書名與數量，連同支票或現金一起寄至
台中市407工業30路1號，「知己實業股份有限公司」收。

五、購書折扣優惠

為了回饋讀者，直接向我們購書，享有特別的折扣優惠。購買兩
本以上九折優待，五本以上八五折，十本以上八折優待，若需要
掛號請付掛號費30元，我們將在接到訂購單後會立即處理。

六、購書查詢方式

如果你有任何購書上的疑問，請你直接打服務專線 04-23595820
轉232，或傳真 04-2359-7123，將有專人為你解答。

讀者回函卡
您寶貴的意見是我們進步的原動力！

◎ 購買書名：自私鬼的聖經

◎ 姓　　名：＿＿＿＿＿＿＿＿＿＿＿＿＿＿＿＿＿＿＿＿

◎ 性　　別：□女　□男　　年齡：　　　歲

◎ 聯絡地址：＿＿＿＿＿＿＿＿＿＿＿　電話：＿＿＿＿＿＿＿＿

◎ E-Mail：＿＿＿＿＿＿＿＿＿＿＿＿＿＿＿＿＿＿＿

◎ 學　　歷：□國中以下　□高中　□專科學院　□大學　□研究所以上

◎ 職　　業：□無　　　　□學生　　　□教　　　□公　　　□軍警

　　　　　　□服務業　　□製造業　　□資訊業　　□金融業　　□自由業

　　　　　　□醫藥護理　□銷售業務　□大眾傳播　□SOHO　□家管　□其他

◎ 您從何處得知本書消息：＿＿＿＿＿＿＿＿＿＿＿＿＿＿＿

　　□書店　□報紙廣告　□朋友介紹　□電台推薦　□雜誌廣告　□廣播　□其他

◎ 您喜歡的書籍類型（可複選）：

　　□哲學　□文學　□散文　□小說　□宗教　□流行趨勢　□醫學保健　□財經企管

　　□傳記　□心理　□兩性　□親子　□休閒旅遊　□勵志　□其他

◎ 您對本書的評價？（請填代號：1. 非常滿意　2. 滿意　3. 普通　4. 有待改進）

　　封面設計＿＿＿＿　版面編排＿＿＿＿內容　＿＿＿＿　文／譯筆＿＿＿＿

◎ 讀完本書之後，您覺得：□很有收穫　□有收穫　□收穫不多　□沒收穫

◎ 您會介紹本書給朋友嗎？　□會　　　□不會　　　□沒意見

◎ 請您寫下寶貴的建議：

116 台北市羅斯福路四段 200 號 9 樓之15

匡邦文化事業有限公司　編輯部　收

- -

請對折黏貼後，直接郵寄

寄件人：

地址：□□□＿＿＿＿＿＿縣／市　＿＿＿＿鄉／鎮／市／區

　　　＿＿＿＿＿＿＿＿路／街＿＿＿段＿＿＿巷＿＿＿弄

　　　＿＿＿＿號＿＿＿樓